Volker Gerner

Geschichten vom Tyrannosaurus Rex

Illustriert von Poul Dohle

www.leseloewen.de

ISBN 978-3-7855-7433-1
2. Auflage 2013
© 2013 Loewe Verlag GmbH, Bindlach
Umschlagillustration: Poul Dohle
Reihenlogo: nach einem Entwurf
von Angelika Stubner
Printed in Germany

www.loewe-verlag.de

Inhalt

Ein neuer Freund 8

Tante Allesfressia 17

Die Schlucht 26

Der Kampf 32

Ein neuer Freund

Tamino ist ein 🦖 . Ein sehr hungriger 🦖 . Sein 🫃 ist leer und knurrt wie ein 🐯 . Er braucht schnell etwas zwischen seine 🐲 ! Da stolpert er über eine 🌳 und fällt in ein 🪺 mit großen 🥚 , das vor ihm auf dem 🪨 liegt.

So ein ! Er reibt sich das .

Dann beschnuppert er die .

Auf einem bildet sich ein in der . Neugierig steckt Tamino eine in den . Der wird größer.

Aufgeregt rollt der das

hin und her. „Was soll das?",

ruft da jemand. Tamino hält inne.

„Bin ich ein ? Hör sofort damit

auf, sonst rappelt's im !"

Der staunt . Seit wann können sprechen? Das zittert und knackt. Eine quetscht sich aus dem . Und, *ploppknirsch,* ein kleiner !

„Was soll das?", schimpft der 🦖.

„Hast du noch alle 🦶 am 🦵?"

Tamino schluckt. „Ich bin über

das 🥚 gestolpert. Du siehst

lecker – äh, ich meine lustig aus."

Der ![dino] tobt. „Lecker? Bin ich

vielleicht eine ![pizza] oder ein ![lolli]?

Nein, ich bin Oskar, ein ![dino]."

Jetzt wird Tamino auch wütend. Er

fletscht die  und brüllt so laut,

dass der ![boden] wackelt.

Oskar stehen alle zu .

„Gut, ich hab's kapiert. Du bist der gefährlichste . Geh doch nicht gleich hoch wie eine !"

Der  überlegt. Dann sagt er:

„Aber wenn du schon mal hier bist:

Wir zwei könnten doch

zusammen um die ziehen!"

Der  muss nicht lange

darüber nachdenken.

Aufgeregt ruft er: „Bei meinen spitzen ! Das machen wir. Wer zuerst beim  ist, hat gewonnen!"

Tante Allesfressia

Tamino ist aufgeregt. Heute muss er wie aus dem gepellt aussehen. Tante Allesfressia kommt, der gefährlichste  weit und breit. Deshalb will Tamino möglichst wild riechen. Er füllt seine 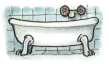 mit .

Da klopft Oskar, der , an

die . „Los, wir schubbern

unsere an ", schlägt er

vor. „Ich muss baden", sagt Tamino.

„Tante Allesfressia kommt."

Der  schaut fragend. „Wer ist das?" Plötzlich donnert es. Als würden hundert  gleichzeitig auf den stampfen. „Das muss Allesfressia sein!", jubelt Tamino.

Der  staunt. „Ist die so gefährlich, wie sie sich anhört?", fragt er. „Ach, Quark mit Soße!", sagt Tamino lachend. „Doch nicht für einen ." – „Ich bin ein !", ruft Oskar ängstlich.

Da schaut schon ein riesiger zur herein. „Hallihallöchen!", dröhnt es. „Wo ist denn mein ?" Der gigantische  sieht sich suchend um. „Nanu? Dahinten ist doch ein leckerer kleiner !"

Oje! Tamino muss sie schnell vom kleinen 🦕 ablenken! „Setzen wir uns doch in die ☀️", sagt er und will sie wegführen. Doch seiner Tante läuft das 💧 im 🦖 zusammen.

„Aber jetzt gibt es erst leckeren

für mich", ruft sie. Tamino und

Oskar reiben sich schnell mit

aus der  ein.

Als Oskar zur hinaus will,

packt ihn der große . Und

lässt ihn gleich wieder fallen. „Igitt,

dieser stinkt wie ein !", ruft

Allesfressia.

Der rennt schnell wie ein davon. Tamino lacht: „Du bist nicht nur der gefährlichste der , sondern auch der pünktlichste! Sonst hättest du heute vermutlich nur deine gerümpft."

Die Schlucht

„Aaah, Oskar, gib mir deine 🖐!", schreit Tamino, der 🦖. „Ich kann mich nicht mehr am 🌿 halten!" Mit großen 👀 schaut Oskar, der 🦕, in die 🏔 hinunter. Eigentlich wollten sie nur testen, wer schneller über die 🌱 rennen kann.

Doch Tamino hat den großen im  übersehen. „Warte", stammelt Oskar verzweifelt. „Ich hol ein !" Schnell wie der  saust er davon.

Jetzt ist Tamino allein. Dicke kullern über seine . Da taucht plötzlich eine riesige über ihm auf. „Oh nein! Jetzt lande ich auch noch im einer !!!", jammert Tamino.

Doch dann hört er den : „Das ist keine ! Das ist der eines . Pack zu!" Der schwenkt seinen hin und her.

Tamino bekommt ihn mit einer Hand zu fassen. Der biegt seinen zu einem großen U.

Tamino zieht sich hoch und sitzt nun wie auf einer .

Als er an der der ankommt, grinst ihn der an.

„Wenn du mal wieder schaukeln willst, musst du nicht erst in eine tiefe fallen."

Der Kampf

Seit Tamino einen wunden

hat, ärgert er sich. Sitzt er auf

einem , schmerzt der .

Und wenn er an der großen

vorbeiläuft, wird er wütend.

Denn in der wohnt sein Bruder

Hugo. Der lacht ihn immer aus.

Früher haben die beiden  zusammen in der gekuschelt.

Jetzt ist Taminos Bruder ein gefährlicher . Alle kleinen fürchten sich vor ihm.

„Warum lachst du mich aus?", fragt Tamino sauer. Der große grinst gemein. „Wegen deines rosafarbenen ! Du willst ein sein? Pah! Du siehst doch aus wie eine !"

Tamino fletscht seine 🦖 und tobt los. „Ich bin keine 👸!", ruft er und versucht, Hugo auf den 🪨 zu werfen. „Ja, wen haben wir denn da?", dröhnt es plötzlich durch die 🚪.

Ein  kommt um die .

„Wollt ihr auch mit mir raufen oder müsst ihr dann für kleine ?" Er lacht und zeigt die gefährliche an seinem .

Tamino flüstert Hugo zu: „Seine ist nicht gepanzert. Die muss ich erwischen!" Hugo versteht und schreit: „Jeder hat ein wie eine !" Der  stürmt wie eine auf Hugo zu.

Darauf hat Tamino gewartet. Als der an ihm vorbeirennt, pikst er ihm mit einer in die .

„Aua, ihr verflixten … äh … ", schimpft der und trottet davon.

„Vielleicht bist du ja doch keine , sondern schon ein richtiger großer !" Hugo schmunzelt und klopft seinem kleinen Bruder auf die .

Die Wörter zu den Bildern:

 Tyrannosaurus Rex

 Mist

 Bauch

 Knie

 Säbelzahntiger

 Riss

 Zähne

 Eierschale

 Wurzel

 Kralle

 Nest

 Karussell

 Eier

 Karton

 Weg

 Bauklötze

 Maiasaura
 Höhlen
 Fuß
 Wald
 Pizza
 Badewanne
 Lutscher
 Matsch
 Boden
 Tür
 Schuppen
 Rücken
 Berg
 Baumstämme
 Rakete
 Quark
 Dinos
 Soße

 Kopf
 Hand

 Herz
 Ast

 Sonne
 Augen

 Wasser
 Schlucht

 Maul
 Wiese

 Pups
 Spalt

 Blitz
 Seil

 Welt
 Wind

 Nase
 Tränen

Wange
 Prinzessin
 Schlange
 Ankylosaurus
 Schwanz
 Ecke
 Titanosaurus
 Schwanzkeule
 Schaukel
 Gehirn
 Kante
 Erbse
 Po
 Dampfwalze
 Fels
 Eidechsen
 Räuber
 Schulter

Volker Gerner wurde 1975 in Nürnberg geboren. Schon in der Schulzeit jagte er im Altmühltal Versteinerungen hinterher und tauschte sie mit seinen Freunden. Den riesigen Brachiosaurus und den T-Rex findet er große Klasse, aber er ist trotzdem froh, dass er noch keinem von ihnen begegnet ist. Lieber erzählt er seinem Sohn Geschichten von den beiden.

Poul Dohle ist freier Maler und Illustrator. Nachdem er jahrelang in einer Galerie gearbeitet hat, lebt er mittlerweile ausschließlich vom Malen. Die Welt der fantastischen Geschöpfe und Fabelwesen hat es ihm besonders angetan. Er wohnt mit seiner Familie in Münster.

ISBN 978-3-7855-7485-0

ISBN 978-3-7855-6511-7

ISBN 978-3-7855-7621-2

ISBN 978-3-7855-7003-6

ISBN 978-3-7855-7031-9

ISBN 978-3-7855-7037-1

In der Reihe *Bildermaus* erzählen spannende Geschichten von den Abenteuern einer liebenswerten Figur, von einem tollen Schauplatz oder von den schönsten Festen des Jahres. Im Text werden alle Hauptwörter durch kleine Bilder ersetzt, die schon Kinder ab 5 Jahren beim gemeinsamen (Vor-)Lesen erkennen und benennen können. Mit der *Bildermaus* wird das Lesenlernen zu einem echten Vergnügen!

BilderMaus

ISBN 978-3-7855-7485-0

ISBN 978-3-7855-6511-7

ISBN 978-3-7855-7621-2

ISBN 978-3-7855-7003-6

ISBN 978-3-7855-7031-9

ISBN 978-3-7855-7037-1

In der Reihe *Bildermaus* erzählen spannende Geschichten von den Abenteuern einer liebenswerten Figur, von einem tollen Schauplatz oder von den schönsten Festen des Jahres. Im Text werden alle Hauptwörter durch kleine Bilder ersetzt, die schon Kinder ab 5 Jahren beim gemeinsamen (Vor-)Lesen erkennen und benennen können. Mit der *Bildermaus* wird das Lesenlernen zu einem echten Vergnügen!